© 2022, Nameless One
Herstellung und Verlag: BoD – Books on
Demand, Norderstedt
ISBN: 9783755784753

NAMELESS ONE

EXIT

Momentaufnahme

FREUDE FASSEN (Songtext)

VERDERB (Rap-Part)

ERHÖHEN (ironisch, zynisch)

SPIEGELBILD DER GESELLSCHAFT
(Gesellschaft)

WENN DAS WORT DOCH, „WENN"
NICHT WÄR'
(Politisch-provokant)

JETZT UND FÜR ALLE ZEIT
(Berufung Autor sein)

GESELLSCHAFTLICHE NORM VS.
MEINE TRAUMBERUFUNG
(Erkenntnis)

BEGNADETE BERUFUNG
(Autobiografisch)

IN JEDER NACHT (Gedanken)

AUS DEM FENSTER (Wahrnehmung)

AUSSPRECHEN (Philosophie)

ZU PAPIER (Gedanken)

DER SIEG IM AUFGEBEN (Biografie)

FREUDE FASSEN
Songtext
Aufbruch, Straße, Auf und davon, Freiheit

Der Tag wirft seinen Schatten
an die Wand
Ich scheine verloren im
Niemandsland

Die Uhr schlägt 8
Und die Sonne sinkt
Noch ist Zeit zu gehen,
bevor ich hier ertrink'

Da draußen ist noch
Land zu sehen
Noch längst nicht Zeit
Zum Untergehen!

Die Sonne sinkt und
die Nacht bricht an
Die Dunkelheit und ich –
Gemeinsam dieses Leben lang!

Auf den Achsen
bin ich unterwegs
Die Zuflucht, wenn hier
nichts mehr geht!

Richtung Freiheit – Horizont
Grenzenlose Weite
Über Schotter und Asphalt
Das Leben zeigt sich von der besten
Seite

Bridge:
Ich pack' die Jacke, ich nimm die
Schlüssel für die Karre – steige ein und
fahre drauf los!
Richtung -Kein Plan-, ziellos durch die
Freiheit, so will ich die Straßen befahren

Jedes große Werk, es begann mit dem
kleinsten Traum, mit stillen Gedanken
Zeit für mich, um mich auf den Weg zu
machen, in der Freiheit neue Freude
fassen!

Refrain;
Ich existiere nur im Käfig, die Freiheit sie
lebt da draußen!
Ich stelle keine Fragen mehr, denn ich
werde jetzt abhauen!
Ich atmete lange genug den Wahnsinn
man!
Nun nimm ich Schluck für Schluck mein
Glück in die Hand!

Ich breche aus, nichts und
Niemand hält mich auf!
Ich donnere über die Sternenbahnen
Im glühend heißen Höllenrausch!

VERDERB
RAP-PART
Depression, Unwohlsein, falscher Job!

Der Schmerz, der Hass,
die Wut, das Leid
sie decken mich ein
und legen sich breit!
Nicht totzukriegen, wie eine Seuche,
wie die Pest!
Man löscht sie nie aus, es bleibt immer
ein Rest!

Hass und Wut und Frust steigen auf
Sie werden mehr
Weil ich hier Dinge tun muss
Mein Fleisch schon wund, der Geist so
leer!
Meine Berufung wird mir so schmerzlich
unterdrückt
Der Hass, die Wut, der Frust –
Machen mich innerlich, total verrückt!

Ich kämpfe mit den übelsten
Depressionen –
Mit allen Dämonen!

Tagtäglich am Arbeitsplatz!
Es kostet mich Müh und Not,
es zehrt an mir und raubt mir
die allerletzte Kraft!

Ich will dies gar nicht mehr beschreiben
Doch es ist das Ventil, so furchtbar bin
ich innerlich am Leiden!
Was würde aus mir denn werden!?
Müsste ich vielleicht sterben, wenn ich
dies hier nicht tue!?

Bitte lieber Gott, schenke mir Frieden
Bringe mir wieder Zuversicht und Ruhe!
Jeden Tag quäle ich mich all der
Stunden ab!
Eigenes Leben und Freude, ich dies
schon lange nicht mehr hab'!

Dies hier ist und bleibt –
Auf ewig mein therapeutisches Mittel
Gegen Leid und Schmerz ich schreib'
Ich schreibe mir den Druck von Seel' und
Leib!

Diese innerliche Unruhe, diese ständige
Spannung zwischen Nerven und Seele
Es stockt mir der Atem,
so trocken ist meine Kehle!
Es ist so niederschmetternd, dieser
depressive Zustand
Dieser diabolische Bann, ich verliere
mich meiner eigenen Hand!

Der Geist so betrübt
Die Seele erleidet Qualen
Scheißegal, ich muss immer
funktionieren, ich muss arbeiten,
leisten und zahlen!
Ich muss meiner Wunden bluten
Entzündungen im Körper und im Geist!

Mein Leben kann ich nur träumen
Weil es für mich nur „da sein" heißt!
Meine Texte, meine Beschreibungen,
sie handeln von Flucht und gehen
wollen! Nur den Weg fand ich noch
nicht! Gnade Gott, wenn die Steine
erstmal rollen!

ERHÖHEN
NACHDENKEN
Provokant, zynisch, kontrovers

Erhöhen, ist ja so ein dehnbarer Begriff,
trägt bei zur Freude oder zum Ärgernis
Kommt drauf an, auf den Bezug –
Auf das Verhältnis

Nun, sie wollen den Mindestlohn –
Und auch für Menschen im Ruhestand,
tatsächlich die Beiträge erhöhen!
Zeitgleich aber; Spritpreise, Benzin,
Heizöl, Briefmarken, Mieten und noch
mehr...! Ach, nee wie schön!

Tag für Tag und Jahr um Jahr,
so steuern wir auf eine neue
Weltordnung hin!
Alles wird teurer, wir werden
besitzloser! Arme und Kranke haben nix
mehr zu lachen!
Sei glücklich deines Lebens!
Froh und mit leichtem Sinn!

Corona! Corona!
Nix anderes beschäftigt uns mehr –
Und dies so sehr!
Alle im Wahn, im Booster-Fieber!
Virus-Mutations-Varianten –
Neue Namen! Prima!

Wir sind digital transparent
durchleuchtet!
Das Zahlungsmittel, welches uns doch
allesamt häutet!

Auch wird doch geschaut,
wie und wo wir wohnen!
Sender, Satellit, GPS –
Überwachungs-Drohnen!

Wir leben in einer, so herrlich schönen
modernen Zeit!
Der Mensch eliminiert restlos, seine
ganze Menschlichkeit!

Pflegepersonalmangel –
Sonderschichten
Und was lassen „die da oben" sich
einfallen!?

„Kostet nix und ist schnell getan,
an alle gedacht" –
Alle für diesen geilen Zustand,
sie klatschen mal!

SPIEGELBILD DER GESELLSCHAFT
NACHDENKEN
Tiefgang, Ergründen, Gesellschaft

Bei all den Zeilen, die ich verfasse,
die ich schreibe –
Die ich lebe, ertrage, leide
Über diese denke ich noch nach!

Ich reflektiere dieses Empfinden,
diese geschriebenen Werke –
Oft überdenke und überlege ich,
kann ich die Zeilen, wirklich so verfassen
und der Welt zum Lesen, genauso
bereitstellen!!

Wenn diese Gedanken,
diese leisen Zweifel kommen –
Dann denke ich ebenfalls in diesen
Momenten, dass die Welt, diese
Menschheit, auch ohne Rücksicht, ohne
Gnade, ohne Anteilnahme auf mich
einwirkt!

Sie dringt mit aller ihrer Negativität und mit allem Übel und allem Bösen ohne Rücksicht auf emotionalen Schutz in mich ein!

Bin ich also so gesehen, nicht der PSYCHISCH ERKRANKTE im Sinne von; „Der ist einfach nur krank"!
Sondern bin ich viel mehr, mit meinen Texten, Zeilen, Äußerungen, Empfinden – nicht das Echo!?
Bin ich nicht das Spiegelbild dieser Gesellschaft!?

WENN DAS WORT, „WENN" NICHT WÄR'

GESELLSCHAFTSKRITIK
Stand der Dinge, Gesellschaft, Politik & ICH

Wäre ich ein, kaltherziger abgezockter
Elite-Politiker, dreckiger Wicht
So hätte ich es wesentlich leichter in der
gesellschaftlichen Arbeiterklasseschicht!

Würde ich durch all die krummen und
korrupten Machenschaften,
Kohle scheffeln, dann hätte ich wohl
auch ein dummes Grinsen und allen
guten Grund zum Lachen!

Ich beneide nicht den hohen Stand, des
bundesamtlich ernannten Wichts, so er
ist ja anerkannt!
Nein, ich kritisiere hier die
Ungerechtigkeit!

Schwarzkonten und Verbrecherbanden
Sie predigen uns was von Solidarität
und Zivilcourage und Einigkeit und
Recht und Freiheit, bla-bla-bla!

Sie regieren und ziehen Nutzen,
aus unserer Angst!
Korrupte Personen dieser Allianz!
Schrecken treibt, wir ziehen Bilanz!

Wir benötigen wahrlich, echt
Justitia Akzeptanz
Anstelle von egoistischen, von Gier
getrieben Personen mit Intoleranz!

JETZ UND FÜR ALLE ZEIT
AUTOR
Gedanken, Traumberuf Autor, Berufung

Ist es ein großer Wunsch?
Nichts als ein Traum, nur eine Vision!?
Der Schmerz ist da, das Leid real!
Kummer habe ich lange schon!

Der Weg war schon weit, zum
Durchhalten immer bereit!
Was habe ich bekommen!?
Gefühl im Hochmut, zu hohe Ziele?
Habe ich denn nie begonnen!?

Warum diese Zweifel, warum dieser
Hass!? Warum zerlege ich mich selbst!?
Erloschene Sterne, schlafender Mond –
Tief der Absturz, in den du fällst!

Soll ich aufhören zu träumen?
Loslassen, was mich am Leben hält!?
Mein Wille und mein Geist, auf den ich
mich verlasse, bei allem in dieser Welt!

Lieber Gott, nur du allein weißt um den
Beistand meiner Leidens-Therapie!
Warum habe ich diesen Wunsch, warum
ist er meine Berufung? Erfahre ich es je?

Ich kann nicht lockerlassen! Ich muss
schreiben, was wird am Ende bleiben!?
Bin ich ein unvernünftiger Narr!? Bin ich
blind meiner Sicht? Verwehrt der Teufel
mir das Licht!?!

Will ich doch, einfach nur leben!?
Sein wer ich bin!
Jetzt und für alle Zeit!
Warum bin ich so unverstanden!?
Oder verstehe nur ich mich!?
Gott ich bitte dich, habe bitte Gnade mit
mir!

Worin liegt meine Erfüllung!?
Ich frage dich, ich spreche zu dir
Bitte gib mir ein Zeichen, lass mich
verstehen, bitte lieber Gott, mein Herr

GESELLSCHAFTLICHE NORM VS. MEINE TRAUMBERUFUNG

Erkenntnis
Wahrnehmung, Änderung, Versuch

Meine Berufung voller Hingabe und
voller Leidenschaft
Selbstverwirklichung
vom Traum zur Tat

Der Ruf meiner Berufung sagt mir;
„Aus Überzeugung", so sollst du deines
Tuns all die Dinge machen!
Aus tiefem Herzen, meiner Berufung
möchte ich sagen können;
„Ich will meine Tätigkeiten vollen
Herzens lieben"!

JOB FÜRS LEBEN FINDEN!
SO DIE LEUTE REDEN!
DIE GESELLSCHAFT SOLL UNS ALLE
GLEICHERMASSEN PRÄGEN!

DIE GESELLSCHAFT WILL DICH FORMEN, DICH NORMEN, DICH PRESSEN UND UNIVERSAL EINSETZBAR MACHEN!

JOB AUSÜBEN!
JOBSUCHE!
JOB VERLIEREN, JOB HALTEN
JOB HABEN, KOHLE VERDIENEN!

BEGNADETE BERUFUNG

ICH
Aus meiner Seele, von meinem Innern

Wenn du das Papier,
nicht als „Papierkram" betrachtest,
wenn du verstehst und dich darauf
einlässt, dass das Papier der liebliche
Freund deiner Seele sein kann, dann
stehen dir Welten offen, die du niemals
zuvor kennengelernt hast

Denn jedes große Werk, ist durch den
kleinsten Traum, mit dem stillen
Gedanken entstanden und fundiert auf
schriftlichem Grund

Je mehr Widerstand,
je mehr Selbstzweifel,
umso lösungsorientierter
der Weg

Nameless One, Schreibleidenschaft

IN JEDER NACHT
Gefühl
Gedanken, Müdigkeit, Kraftlosigkeit

Nach dem Tag, in jeder Nacht
liege ich wach und ich jage
meinen Gedanken nach;
„Wie kann ich ändern, was ich nicht
mehr will"!?

Jeden Tag die gleichen Gedanken
Jeden Tag am gleichen Punkt!
Träume, Ziele und Visionen, doch
Ich denke im Kreis, ganz rund!

Von jetzt auf gleich alles ändern –
Danach strebt es mir!
Kurz und klein zerschlage ich Zweifel,
denn sie halten mich fest!
Verdammt ich will nicht mehr!

Betäubt und wie in Ohnmacht,
so gehe ich täglich meinen Weg!
Mein müdes Herz steht still,
weil es das alles nicht mehr erträgt!

Lieber Gott, ich bitte dich –
Lass mich doch Lander wieder erblicken
Mir droht es im gesellschaftlichen Elend,
in dieser Dichte zu ersticken!

Jeden Tag, an dem ich hier versauere,
so wird der Drang meiner Berufung
stärker!
Ich fühle so kraftlos, niedergeschlagen!
Trotzdem werde ich des Willens härter!

AUS DEM FENSTER
Wahrnehmung
Moment, Aufmerksamkeit, Atemübung

Ich schaue aus dem Fenster,
ich sehe den feinen Nieselregen
Ein schwarzer Rabe sitzt im
dichtgewachsenem Baumgeäst

Grau der Himmel,
weder Wolken noch Sonne –
Kein schimmerndes Blau,
ist in der Ferne zu sehen!

Nur Rauch entweicht von den
Schornsteinen all der
Häuserdächer und sie kreieren
auch kein erkennbares Muster

Die Geräuschkulisse von
Motoren vernehme ich, von all
den vorbeifahrenden Autos an
der Straße vor dem Hof

Ansonsten ist es still, kein Telefon
das klingelt! Keine
-NEUE E-MAIL- blinkt am Bildschirm
des Computers auf

Ich nehme den Moment bewusst wahr
Nur verfasse ich lediglich,
in diesem Moment dazu diese Zeilen
Aber ich bin ganz in meiner Ruhe

Der schwarze Rabe pickt
in seinem Gefieder, sonst
sitzt er still und fast unbemerkt,
unentdeckt in seinem Baumgeäst

Keine Vögel sind sonst
in der Nähe zu sehen
Keinen Menschenlaut nehme ich
sonst gerade wahr

Der Regen nieselt in aller Stille
vor sich hin
Er bewässert Asphalt, Wiese und
all der Häuser Dächer

Die Temperatur ist heute sehr mild
Sie liegt gerade bei 13 Grad –
An diesem 30. Wintertag im Dezember
2021, den wir heute schreiben

Am morgigen Freitag begegne ich
Noch ein allerletztes Mal dem aktuellen
Jahr, das Kalenderblatt zeigt, dass es
seine 365 Tage nun bald, erfüllt hat

Es räum für das neubeginnende Jahr
den Platz ein, am Samstag also ist der
01.Januar 2022, der Start für mein neues
Programm, für meine neuen Ideen

Projekte, Konzepte, Lesungen und neue
Bücher sollten entstehen
Im neuen Geleit, so will und werde ich,
wenn Gott will, in die Zukunft gehen

AUSSPRECHEN
Philosophie
Gedanken, Freigeist

Geistige Freiheit
Gedankliche Unbeschränktheit
Freigeist, was frei sein heißt,
ist wo Sorge und Zweifel entgleist

Nur du selbst hörst dir wirklich
aufmerksam zu, weil du dich
nicht ignorieren kannst! Weil du deine
Stimme nicht abstellen kannst!

Du kannst nicht vor dir fliehen
Du kannst dich nicht vor dir aussperren,
dich nicht verweisen, nicht vertreiben
Du kannst dich selbst nicht aussetzen,
also musst du alles in dir, mit dir
aussprechen!

Du kannst laufen, kannst rennen
Dinge vernichten und verbrennen,
aber niemals kannst du vor dir
flüchten gehen!

Du kannst schlau sein
Du kannst blöd sein
Du kannst ein Clown oder ernst sein
Freigeist –
Was frei sein heißt?
Was frei sein heißt!

ZU PAPIER
Gedanken
Zeit, Ziele

Gedanken gleiten zu Papier
Unzensiert und nicht pausiert
Ungefiltert strömen sie, lediglich mit
Fokus: Ziel

Gedanken tragen
Die Gedanken treiben
Sie sind im Gange,
auch sind sie am Weilen
Gedanken sprießen –
Zu allen Zeiten

Im Element
Im Gefüge
Gedanken sie tun,
all der Zeit Genüge

Momente und Augenblicke
Alles sind Lebenszüge

DER SIEG IM AUFGEBEN
Autobiografie - Widmung
Dämonen, stetiger Kampf im Innern

Meine Zeilen die ich hier verfasse
dafür, dass ich dich liebe und vieles an
mir hasse!
Diese Zeilen wird nie ein Mensch je
verstehen, wird er nie fassen!

Hart und bitter ist das Aufgeben,
um des Sieges Willen!
Es geht nicht mehr um mich
und dies begreife ich!

Durchdacht und überlegt,
so muss die Richtung ändern
von meinem Weg! Ich hoffe, dass der
Wind sich wieder legt!

Für deinen Sieg,
werde ich aufgeben
Dieser ist alles was noch zählt,
auf meinem langen Scherbenweg!

Du sollst voller Liebe und Freude leben

Rausch der Träume

RAUSCH DER TRÄUME (Träume)

GESPROCHEN (Realität, Menschen)

SCHLAMASSEL DER GEWOHNHEIT
(Corona Jahr III)

DAS LETZTE KAPITEL IN 2021 (Ende)

Gedankengänge

MEINE GEDANKEN ÜBERS LEBEN

MEINE GEDANKEN ÜBER TRAURIGKEIT

MEINE GEDANKEN ÜER SUIZID-OPFER

ICH KÖNNTE LEBEN

RAUSCH DER TRÄUME
Autobiografie
Gedanken, Träume, Gefühle

Ich brauche Zeit und Stille, einen
Raum für meine Gedanken
Ich will den Rausch meiner Träume
endlich leben können!

Ich will die Leere mit meinen
Gedankenmomenten füllen!
Ich will sein, will existieren!
Mit allen Gefühlen und allen Sinnen!

Ich möchte verzaubert sein, von des
Lebens ganzer Herrlichkeit!
Davongetragen werden auf den
Wolken der Unendlichkeit!

Regenbogen, Sternschnuppen
Wandern entlang all der Sternenwege
Ich möchte schwerelos sein,
schweben, spüren dass ich lebe!

Keine Geschichte, kein Roman,
kein Drehbuch kommt an diese
Einzigartigkeit! Denn, so inszenieren wie
das wahre SEIN, kann man zu keiner Zeit

Ich möchte verzaubern
Ich möchte berühren,
alle Herzen dieser Welt –
Sie sollen diese Stärke spüren!

GESPROCHEN
Menschheit
Realität, Menschen, Unterhaltungen

Es ist immer so einfach zu sagen;
„Kopf hoch"!
„Schätze das Leben"!
„Dir geht's doch gut"!
Die haben alle keine Ahnung,
wie es mir wirklich geht!
Anstatt zu fragen und zu fühlen,
erheben sie immer nur Vorwürfe!
Keinen interessiert wirklich,
wie es mir in Wahrheit geht!
Hauptsache schnell etwas gesagt,
ein Satz, der eben mal schnell steht!

Keine Diskussion,
kein thematisierter Gesprächsverlauf!
„Sei doch mal fröhlich, dir geht's gut"!
Ich habe da keinen Bock mehr drauf!!!
Mit solchen Sätzen und Worten, ist
einem ja „Ach, so sehr geholfen"!
Weil ich weiß, dass die Menschen so
sind, habe ich lange nicht mehr
gesprochen!

SCHLAMASSEL DER GEWOHNHEIT
Jahresende-Fazit, Corona
Jahreswechsel, was geht, was kommt...

Im Schlamassel der Gewohnheit –
Bin ich vielleicht abgerutscht,
in den Modus:
„Sich ständig messen zu müssen"!?

Alles vorbeigeschossen!
Die Verse, die Reime, die Gedichte
All die gelebten, vielleicht gute
Momente, sind sie alle längst vergessen!

Im neuen Jahr, auf jeden Fall –
So nehme ich es mir vor,
wird wieder bewusster gelebt!
Mein erster Schuss aufs Tor!

Wenn ich nach zeitlichem Ermessen,
mit Abstand dies vernehme –
So war der erste Versuch der Erfolg!
Wahrlich ein herrlich toller Treffer!

Zwar müssen wir die Muster auch
weiterhin tragen, aber Gedanken sind
frei! Wieder realisieren!
Ich mache es gerade, ich bin dabei!

In diesem Sinne allein einen –
Guten Start ins Jahr, Corona III

DAS LETZTE KAPITEL
Letzte Worte aus dem Jahr 2021
Gedanken, Selbstgespräch, Leid und Trauer

Zum letzten Mal in diesem Jahr,
beschreibe ich hier das Papier!
Mit allem Schmerz und dem Leid,
was lasse ich zurück, was kommt mit
mir!?

Was werde ich begraben, was wird für
ein und allemal besiegelt!?
Wo fühle ich Freude in den Tagen, wenn
wieder leis der Zweifel rieselt!?

Ich kann ewig lange meinen Schmerz
und mein Leiden beklagen!
In Wort und Schrift verfassen, doch ewig
bleiben all die Narben!

Nichts und niemand hilft mir auf
in dieser Welt!
Ruhelos am Treiben, vom Platz zu Ort
und alles steht und fällt!

Ich fühle mich so unverstanden, auch
allein, was ich ja sehr gerne bin!
Die Regelzwänge und Formen –
Aus denen ich endlich fliehen will!

Ich will verdammt nochmal meine Ruhe!
So wie sie andere auch haben!
Mein Recht! Mein Leben!
So wenig, was ich verlange in diesen
Tagen!

In aller Verpflichtung in all dem
gesellschaftlichen Zwang
Mir scheint, ich ersticke –
Es geht nur um Platz und Rang!

Aus allem Konstrukt ausbrechen, von
allem fliehen, restlos alles löschen,
zurücklassen! Von einem Moment auf
den anderen das Leben, mir und meinen
Gedanken anpassen!

Wovor, erscheint die Furcht mir größer;
- In der Gesellschaft kaputtzugehen!?
- Von den Menschen ausgestoßen zu
werden, die einen doch lange schätzen
und kennen!?

Ich bin getrieben, mein Inneres ist so
zerfahren und aufgewühlt!
Es ist als explodierte mir mein Herz!
Schrecklich, so wie ich mich fühl!

Einfach gehen, einfach alles stehen und
so liegen lassen!
Den Zug nehmen ins -NIE ZURÜCK-
und diesen nicht verpassen!

In diesem Leben ist mein Konflikt,
die Erwartungen zu erfüllen!
Der Grund warum so viele unglücklich
sind, nur noch menschenleere Hüllen!

Kein Mensch versteht mich! Ich bin ja
auch nicht „NORM-al"! Auch träume ich
zu viel! Innerlich gehe ich täglich mehr
kaputt! Rauh und kalt, wird mein
Herzgefühl!

Innerlich bin so fertig!
Keiner weiß es, mir sieht man es nicht
an! 35 Jahre schon!
So geht's nicht weiter, mein Leben lang!

Geformt, gelenkt, gepresst, dass unser
aller Blick auf Gottes Leben –
Uns verenden, verwelken lässt!
Nur Gott allein, du kannst mich
verstehen!

So viele Sänger, Musiker, Künstler –
Dichter, Denker und Philosophen, die
ihre „Abhängigkeit" abzulegen geschafft
haben –
Genug Geld, keinem Druck mehr
ergeben sind, die sich trotzdem aber ihr
eigenes Leben nahmen!

Haben diese einfach zu lange
durchgehalten!?
Wurde ihr Schmerz, einfach so
unerträglich groß!?

So fühle ich mich,
zumindest innerlich darum auch,
lassen solche Gedanken
mich nicht mehr los!

Ich finde keine Möglichkeit
Keine Form von Freude, um mein ganzes
Leid zu unterbinden! Ich kann nur
schreiben, doch es wird sich niemals
etwas an mir ändern!

MEINE GEDANKEN ÜBERS LEBEN
Meine Wahrnehmung
Ohne Blatt vor dem Mund!

Es gibt Menschen, die in ewigen
Gedanken leben –
Diese wollen über dieses Leben
philosophieren,
sie wollen allzu gerne den Ursprung und
den Sinn und das Sein, erforschen und
ergründen –
Alle Farben, Strukturen, Wesen und
Verhaltensweisen

Sie sind auf der Spur der Bibel, dieser
„Heiligen Schrift", doch was davon ist
wahr und was wohl davon erfunden und
schlichtweg erlogen ist!?

Dann gibt's jede die tragen ein
Dauerlachen im Gesicht, sind voller
Freude ausgiebig am Feiern! Sie saufen,
feiern ohne Ende, als gäbe es keinen
Morgen!

Es scheint so, als hätten sie keinen Kummer, keine Ängste, keine Nöte, keinerlei Sorgen!

Wir sind alles Geschöpfe auf dieser großen weiten Erde und alle unter demselben Himmelszelt! Wir sind alles wohlbekannt Menschen, vereint und doch so weit entfernt voneinander auf dieser Welt!

MEINE GEDANKEN ÜBER TRAURIGKEIT

Meine Wahrnehmung

Trauer, Depression: Unser aller Spiegelbild!

Man bekommt doch allzu oft immer und immer gesagt;
„NEIN"!
„GEHT NICHT"!
„KANNST DU NICHT"!
„WIRST DU NICHT"!
„SCHAFFST DU NICHT"!
„WAS DENKST DU DIR"!
„WAS MACHST DU DENN DA"!

Der Mensch, du und ich, wir bekommen immer und immer wieder unsere „Grenzen" und Hindernisse vorgezeigt, werden darauf permanent verwiesen!

Das Schlimme an dem Ganzen ist, dass es Grenzen sind, die diese Menschen haben, die sie uns, dir und mir – vorschreiben wollen!

Deine Träume, Visionen, Gedanken, alles Gute was in dir entsteht und was du gerne umsetzen möchtest, sie zerreden es, machen es dir nichtig!

Dies ständigen Vorhaltungen, Verweise auf diese „Grenzen" sind Signale und Sendungen zur Zerstörung deines Selbstwertgefühls und deiner Freude!

Sie verursachen in Wahrheit
TRAURIGKEIT –
ZWEIFEL –
GEWISSENBISSE –
DEPRESSIONEN

Denn die Menschheit, die Führung unserer Entwicklung eine Unterbindung der Entfaltung! Sie zerstören anstatt sie fördern, sie instrumentalisieren uns, statt uns zu erziehen und eigenständig leben zu lassen!

MEINE GEDANKEN ÜBER SUIZID-OPFER (UND AUCH GEDENKEN)

Meine Wahrnehmung und Empfinden
Der Drang zu diesem Mittel, warum und
wieso - diesen verstehe ich sehr gut!

Es ist erstaunlich!
Fast gar schon elendig erbärmlich,
dieses Verhalten von so vielen
Menschen auf dieser Welt!

Wenn jemand stirbt, ist schlimm!
Gar schlimmer noch, wenn jemand sich
das Leben nimmt! Freiwillig, so scheint
es, aber eher durch Drang, Druck und
Zwiespalt, „freiwillig" den Tod wählt!

Dann wird geheult!
Dann wird gewimmert!
Dann wird gefragt; Wie, was, warum!?!
Diese Frage wird dann zur Qual,
die Qual, die der Selbstmörder, erleiden,
erdulden, ertragen musste bis zum
Äußersten, bis zum Verlass der eigenen
Durchhaltekraft!

Aber als dieser Mensch noch am Leben war,
wurde er womöglich noch;
BELÄCHELT –
VERHÖHNT –
GEMOBBT –
AUSGEGRENZT –
NICHT ANERKANNT –

Schlichtweg war vielleicht
UNVERSTANDEN!?
Oder wollte man ihn einfach nicht
akzeptieren, dass er nicht NORM-al
war!?

Er wurde also, letztlich nicht für ernst
genommen!
Tragisches Ende also, wohin Menschen
andere Menschen treiben können!

MEINE GEDANKEN ZM SUIZID

Autobiografie - Gedankengänge

Täuschung, Konfuse Sinneswahrnehmung,
fragile Gedanken!

Ich könnte leben, wie ich es wollte
Ohne Schrecken vor dem Untergang
Ich lebe ohnehin schon den Tod,
im gesellschaftlichen Überlebenszwang!

Ich habe nix,
außer diesen verdammten
„ICH WILL LEBEN" – Drang!
Zu wenig Angst, um zu viel Geld zu
haben!

Ich könnte probieren
Mein eigenes Leben, dafür riskieren!
Könnte krepieren, es würde nicht mal,
sonderlich jemanden interessieren!

Außer jenen Menschen, die doch
erwarten haben, dass ich funktioniere!
Dass, ich all dem Zweck diene, dass ich
Geld verdiene!

Ich habe zu wenig Angst –
Um zu viel Geld zu haben!
Ich erdulde, ertrage, erleide,
ich lebe den Tod – mein Leben lang!

Und an dieser Stelle fällt mir die
Textzeile von ~FALCO~ ein aus seinem
Lied; „Out of the dark" --- „Muss ich
denn sterben, um zu leben"!?

Dieser Satz, prägt mich Gänsehaut, denn
er ist von seiner Fragestellung und von
seinem Inhalt, so überwältigend, weil er
sich wohl ähnliche Gedanken machte,
wie sie mich mittlerweile eingeholt
haben...

Gedanken, wohlgemerkt!

ABSCHLUSS

WOHIN ICH AUCH GEHE
IMMER EINE IDEE DABEI,
STIFT ZUR HAND
OB KULI, TINTE ODER BLEI

Lulatsch-Laden (Arbeitsplatztexte)

Vernünftiger Job
Antreten des Jobs
Integration betreiben
Integrationskursträger –
(Integration auf Englisch)
Detektivarbeit im Bildungszentrum
Keine Zertifikatsausstellungsstelle
Fehler im System
Kursträger
Anruf vom ‚Zuständigen Amt'
Teilnahmebescheinigung
Falsche Tür
Tägliches Irrenhaus
Weiter beworben
Prüfungsunterlagen
12:30

Vernünftiger Job

In meiner Arbeitslosigkeit
da dachte ich mir, suche ich mir
einen vernünftigen Job!

Mit meiner sprachgewandten und
angeeigneten Eigenschaft
einen artverwandten Arbeitsplatz
der Sprache bietet und etwas im
sozialen Interesse macht

So landete ich in der Sprachschule,
in diesem Bildungszentrum in der Stadt
Würde mir sicher Freude bringen, diesen
positiven Gedanken ich noch hatt'

Doch leider schon anhand nur
kurzer Zeit,
so stellte ich für mich fest
Dieser Platz ist mau, marode und
nicht sattelfest!

Hier werden Teilnehmer verwaltet!
Geparkt und finanziell geschröpft!
Hauptsache sie sind irgendwo unter!
Ein Raum mit 14 Köpfen!

Manche werden überredet
und auch einfach eingeteilt!
Weil das Stundenkontingent noch
für eine langanhaltende Verweilzeit
ausreicht!

So war es das also mit dem
guten Gedanken, vom „ach so
vernünftigen Job -
Mit der Sprachgewandtheit, mit
der Liebe und Leidenschaft für
Wort und Schrift, in dieser Schule
diesem Bildungszentrum mit
Integrationsaspekt, wo alles doch
so viel anders als schön, moralisch
und es sozial doch ist"!

Antreten des Jobs

Welch ein herrlicher Tag im
Lulatsch-Laden-Irrenhaus!
Ich diesem Saftladen, hält man
es keinen Arbeitstag lang aus!

Kreuz und quer fliegen hier
Formulare, Anträge und Bescheide
Willkommen in der Sprachschule
A wie am Arsch -
Bitte in der Leitung bleiben!

1000 Aufträge offen zur
gleichen Zeit!
Wir benötigen noch einmal
den aktuellen Leistungsbescheid!

Leistungsnachweis -
Das Formular mit Betrag!
Donnerwetter, vom Job-Center!
Hier kriegst du einen Schlag!

Diese so feine Arbeitsstätte
Ich würde sie als Komödie
glatt verkaufen! Wenn ich hier
nicht selbst arbeiten würde!

Hier läuft ein Film -
Sondergleichen!
Auf der Stirn zu erkennen,
mehr als 1000 Fragezeichen!

Murks und Schlamassel
dies permanent!
Hier musst du kerngesund sein,
oder beschränkt!

Darum überlege ich,
"Bleibe ich hier wirklich länger"!?
Hier gehst du vor die Hunde!
Drum werde besser wieder ALG1-Empfänger!

Integration betreiben

Mein täglicher Arbeitstag:
Mahnverfahren, Mahnbescheide
Maßnahmen und Kurse verwalten
Erfolgreich Integration betreiben!

Leistungsbescheide,
Leistungskürzung
Ein klarer Fall fürs
Fallmanagement!

Mandaten
Klienten
Segen hängt schief,
Luft die brennt!

Die Menschheit ist beschränkt!
Sie ist total bekloppt!
Junge, Junge -
Ich fasse mir an den "Kopp"!

Dieser Arbeitsplatz ist asozial!
Nervlich eine Höllenqual!
Schule und Bildungszentrum es
sich nennt, Leute aber -
Hier die Hütte brennt!

Hier landen auch unter anderem
Problemfälle aller Arten!
Mit Beschwerden und Konflikten,
darf man sich hier herumschlagen!

Hier läuft ein Film,
doch leider ist er real!
Ich sage es auch ja -
Dieser Arbeitsplatz ist eine
Höllenqual!

Integrationskursträger

(Integration auf Englisch)

Vor mir in der Verwaltung stand
ein Herr da, mit Papier so allerhand!
Arztbelege und Bankdaten
Dazu noch Apothekenvisitenkarten

Er wolle einen "German-Course"
besuchen, doch Papier vom
zuständigem Amt hatte er nicht dabei
So telefonierte ich beim Kreis-Job-
Center, Ausländerbehörde, sozialen
Vereinen -
Ich suchte Nummern herbei, so allerlei

Er sprach ausschließlich nur English
und meines ist nun, "so very bad"!
Hand und Fuß, so hilft es mir, dass
das Gespräch in die Bahn gerät

Die Frage an mich war:
"Do you speak english"!?
Ich; "Yes, a little bit -
klingt wie rückwärts deutsch
gesprochen, aber ich spreche mit"!

German-Course er will machen,
so seine Worte waren
Es ist schwierig, wenn man sprechen
will, in unterschiedlichen Sprachen!

Das zuständige Amt, es weiß gewiss
Bescheid, doch der Herr hatte leider nur
anderes Papier dabei! Integration!
WIR SCHAFFEN DAS!
Nix neues, täglich so ist mein genialer
Arbeitsplatz!

Mein Englisch müsste ich verfeinern,
daran besteht kein Zweifel!
Bevor ich German-Course vermittele,
müssen wir Sprachbarrieren beseitigen!

Ich sitze vor dem PC
Doch das System es kracht zusammen!
So verbringen wir gemeinsam schweigend,
meine Arbeitszeit im Büro zusammen!

Superschnelles Internet!
Auch so, super funktionierender
Datenfluss,
wir schaffen das! Wir schaffen das!
Und wenn wir sitzen bis zum
Arbeitsschluss!

Detektivarbeit im Bildungszentrum

jetzt darf ich aus den alten
Karteileichen,
alle Kontaktdaten abgleichen und
auch Rufnummern und Ansprechpartner
ermitteln und abstreichen!

Ich bin gespannt, welche lustigen
Gespräche mir nun zu Ohren kommen,
was meine Lauscher sogleich mal
wieder alles ertragen müssen!

Die erste Nummer auf der Liste –
Diese war schon nicht mehr vergeben!
Mich wundert hier nichts mehr,
in diesem Saftladen, dem schäbigen!

Wieder denke ich mir bei dieser
Tätigkeit, bei diesem Vorgang,
welch eine Zeitverschwendung!
Während des Vorgangs, rief mich

jemand an –
Eine "Extrabratwurst" soll gebraten
werden, na das auch noch, nix wie ran!

Während ich am Telefonat da war
Stand plötzlich in der Tür –
Der altbekannte Herr, der
englischsprechende Kamerad!

Wieder mal haben wir über eine
Stunde Zeit verloren und mit
Verständigungsproblemen verbracht
Und nur mal eben so, mich von meiner
wichtigen, eigentlichen
Anweisung des Arbeitgebers abgebracht!

Ich bin froh, wenn auch dieser
Arbeitstag heute mal wieder
vorübergegangen ist!
Denn solch ein Schlamassel und Murks!
Er bald nicht mehr auszuhalten ist!

Keine Zertifikatsausstellungsstelle!

Letztens in der Verwaltung meines
tollen Arbeitgeber-Platzes
So kam ich nicht drum herum,
um ein großes Rätselraten!

Vor mir eine junge Dame aufgebracht
Ausweis zum Abgleich ihrer Daten,
den hatte sie mitgebracht!
Sie benötigt ihr Zertifikat für
die Behörde!
Geb. am, 01.01.1996 - so die ersten
Zahlen, Wörter!

Sie braucht die Bescheinigung von
einem Prüfungstest, diesen hätte
sie wohl verloren und morgen einen
Termin bei der Behörde, da nun klemmt's!

Ich suchte nach ihren Daten im System
Ich suchte mich dumm und dämlich, weil
dort waren keine Daten zu sehen!
Falscher Name, falsche Adresse, neuer
Ausweis - alles nicht bei der Richtigkeit!
Doch das Zertifikat für die Behörde,
sei von so hoher Wichtigkeit!

Ich arbeite in der Verwaltung für
Kurstermine, Kursanmeldung und zur
Kursdurchführung, ich habe mit
Teilnehmerdaten und Formularen alle
Hände voll zu tun!
Da bleibt keine Pause, um sich mal
auszuruhen!

In diesem Lulatsch-Laden hier,
da wundert mich echt gar nichts mehr!
Keiner weiß hier über etwas Bescheid -
Dies aber, ist die einzige Verlässlichkeit!

Fehler im System

Das Programm hängt wieder mal!
Chaos herrscht!
Durcheinander wie üblich,
alles herrlich katastrophal!

Fehlermeldungen -
Fehler im System!
Bitte warten, bitte gehen!
Bitte um die Bitte -
ich hoffe sie verstehen!

Ein so toller und genialer
Arbeitsplatz, man ihn doch so
gerne und gegen nichts auf der
Welt einzutauschen hat!
Hier geht's Telefon an einer Tour
Reklamation und Beschwerde,
sie ziehen lang an einer Spur -
Sage und schreibe, rund um die Uhr!

Klienten und Betreuer
Herr und Frau Ansprechpartner
Sie sind am Rotieren, verzweifelt -
Sie schon die weiße Fahne winken!
Weil die Fristen enden
und diese Termine dann in den
digitalen Kalendern rotleuchtend
und treibend, hetzend dann blinken!

Kursträger

Für das Zustandekommen eines Kurses,
in dem Teilnehmer teilnehmen!
Musste ich aufgrund der niedrigen
Anzahl, beauftragt Dinge unternehmen!

So musste ich alte Kontaktdaten
durchschauen und Leute kontaktieren,
welche längst schon unbekannt verzogen
waren und sich zudem mit 5 Handynummern
registrierten!

Einladungen versendet
Doch klar war mir vorher schon,
POST IST UNZUSTELLBAR!
So dauerte es nur wenige Tage lang
Kam meine adressierte Post,
an meinem Schreibtisch wieder an!

Und es wurden Teilnehmer zur
Teilnahme nochmal eingeteilt
zum Teilnehmen! Doppelt und
dreifach schon Kurse belegt,
aber spielt ja keine große Rolle,
wen interessiert schon ein elektronisch,
vorschriftsmäßiges Registrierungssystem!?

Stundenkontingent
Berechtigung und Verpflichtung
von Maßnahmen verschiedener Träger
Es wird getauscht, gebucht,
abgerechnet - Null kontrolliert!
Wo kein Richter, da kein Kläger!

Wo ist die Zentrale der
Datenerfassung -
Die ganze Informationsexplosion!?
Ich würde allzu gerne mal zur
Amtsstübchen-Expedition!

Richtlinien, Verordnungen
DSGVO - Datenschutz!
Welch ein Schmodder! Unsinn!
Welch ein Stuss!

Anruf vom 'Zuständigen Amt'

Mich ereilte mal wieder
wie auch sonst, vom
'ZUSTÄNDIGEN AMT' ein Anruf,
zwecks eines verloren gegangenen
Zertifikats!

Spurlos verschwunden auf dem
Postweg sei es!
Ich dachte mir, tut mir leid
gute Frau, ich es auch nicht
in der Tasche hab'!

Kein Postrückläufer sei
jemals angekommen!
So habe also, die betroffene
Person die Suche nach dem
Zertifikat aufgenommen!

Mein Arbeitsplatz im
Bildungszentrum für die
Integration! Er ist ein
Schlamassel, denn altvertraut
ist mir seit Beginn der Tätigkeit
diese Zertifikate-Salate-Abfrage-
Situation!

Was soll und kann ich
denn nur tun!?
Die Teilnehmenden ziehen um,
so schnell -
Ohne auch nur, sich einer
Pause auszuruhen!

Adressabgleich
Datensatzvergleich
Name und Anschrift verschieden!
Welch ein Zapfenstreich!

Telefonnummer nicht notiert
Oder nicht vergeben!
Erreichen schier unmöglich,
verdammt ich platze gleich!

Aber dann beruhige ich mich doch
In der Tat wieder, ganz sanft, denn
es ist ja nicht zum ersten Mal,
es ist ja Gang und Gebe hier!
An diesem, meinem und lediglich nur
tagtäglichem Arbeitsplatz!

Teilnahmebescheinigung

Wieder einmal berichte ich
von der Arbeitsstelle an der Front!
Wieder mal ein Sonderfall der
Sonderfälle, dieser mir schon sehr
wohlbekannt vorkommt!

Am Apparat die Lehrerin, die mir sagt;
"Vor ihr steht ein Teilnehmer mit
Dolmetscher"
Was er benötigt, was er braucht, was
er will -
Nachweis am Kurs muss er zum Kreis-
Job-Center bring'

So will der Herr, der da im Raum fern
und nicht bei mir steht,
die Teilnahmebestätigung und ich muss
checken, ob ihm diese ordnungsgemäß zusteht!

Im elektronischen, chronischen
Systemverlauf
Bestätige ich das Fernbleiben, welches
die Lehrerin mir sagt, im telefonischen,
kommunikativen Gesprächsverlauf!

Er war zu keiner Stunde wohl anwesend!
Also wie man so schön sagt;
"Nicht betriebsbereit",
jetzt aber will er Nachweisdokumente, weil
das Kreis-Job-Center dies möchte und es eilt!

So muss ich sagen im scherzhaften Sinn;
"Der Teilnehmer bekommt die
Teilnehmerbescheinigung, mit dem Vermerk:
Er war eine geistreiche Erscheinung
in allen Räumen drin"!

Die Damen und die Herren und
nicht zu vergessen auch die Diversen
vom Kreis-Job-Center werden darüber nicht
lachen können, also verwerfe ich meinen
Einwurf und werde nur ein Schmunzeln und
Lachen mir, nach dem Auflegen aber gönnen!

Falsche Tür

An diesem herrlich frischen
Dienstagmorgen bei Minus 3 Grad
So begann mein freudefröhlicher
toller Arbeitstag!
Die Teilnehmer/innen standen in der
Kälte dort, weil die Lehrerin sich
verspäten würde - der Zug stünde
im Stau!
Darum baten sie mich, "Bitte, machen
Sie mit dem Schlüssel die Türe auf"!
So hilfsbereit und grimmig gutgelaunt
ich eh schon bin an diesem Arbeitsplatz
Sagte ich; „Sicher doch, gibt ja noch
nicht genug, was ich zu tun hab'"!
So ging ich in den Hof
An die Nachbarshaustüre!
Den Schlüssel im Schloss angebracht
Es kicherten und lachten die Damen,
denn die falsche Türe aufzumachen
ich halt eben mal versuchte!
Nun, ich arbeite im Hause!
Aber nicht im Hof oder gegenüber
draußen!
Doch ich denke und vermute, sie haben
wohl gelacht -
"Der arbeitet doch hier", haben sie
sich wohl gedacht!?

Tägliches Irrenhaus

Mein Arbeitsplatz ist ein Irrenhaus!
Heute am Telefonapparat -
Da war die Begrüßung; "Guten Morgen,
Guten Abend, Gute Nacht"!

Es ist eine telefonische Wilderei
Zettelschlacht mit Kontaktadressen
Auskünfte geben, Infos besprechen,
notieren, schreddern, wieder vergessen!

Anruf tätigen, Auskünfte einholen
Bitte kommen! Unterschreiben!
Bitte melden bei Umzug -
Nummer und Adresse mitteilen!

Kartei angelegt
Datei eingepflegt!
Trotzdem gibt's die Daten nicht!
Welch ein Irrenhaus, wisst ihr
wovon ich hier sprech'!?

Irrenhaus für Integration!
Welch ein Durcheinander für
Organisation!
Planung, Durchführung,
alles katastrophal!
Hauptsache etwas zu tun!
Arbeiten, Probleme allzu banal!

Weiter beworben

Guten Tag! Wie heißen Sie!?
Steht doch da!
Im Lebenslauf!
Und auf meinem Ausweis drauf!

Haben Sie Allergien?
Vielleicht Krankheiten und -
Nee! Frisch operiert! Ansonsten
bin ich kerngesund!

Haben Sie Schulden oder
finanzielle Engpässe!?
Nee! Ich bin doch bei einem
Arbeitgeber und keinem
Finanzberater oder!?

Haben Sie chronische Erkrankungen?
Steht ins Hause, etwa eine Kur!?
Hören Sie mal! Wenn Sie mich weiter
ausfragen, nehme ich mir eine eben nur!

Verheiratet? Familienstand?
Haben Sie Kinder oder denken daran!?
Ey! Jetzt hör ma zu!
Was geht denn Dich alles an!?

Prüfungsunterlagen

Ich berichte mal wieder an
Ort und Stelle aus dem Lulatsch-Laden
Wenigstens mal wieder lustige Texte
Kommen zustande am heutigen Tage

Hier herrscht ein Durcheinander
und dies in sämtlichen Unterlagen
Ordnerbezeichnungen verkehrt,
ganz zu schweigen von allen Daten!

Im System ist gar nicht mal so gut,
alles super hinterlegt!
Doppelt und dreifach ich den Ordner wälze,
kann ihn wieder holen, gerade erst weggelegt!

Welch ein Lulatsch-Laden
Total irre und echt abgefahren!
Die Zertifizierungsprüfstelle könnte hier,
über zu wenig Mängel nicht klagen!

Und meine neue aktuelle Aufgabe aufgetragen,
diese will ich auch erwähnt hier haben!
Im Kämmerchen ist eine ganze Tasche voll mit
alten Prüfungen! Aufgaben und Daten!

Personen- und auch fachbezogen
Mindestens 2000 Seiten, ungelogen!
Allesamt soll ich sie schreddern, erstmal
drankommen und über alle Barrieren klettern!

Eigentlich müssten diese offiziellen
hochsensiblen Dokumente direkt nach Ablauf
der Prüfung vernichtet werden! Aber vielleicht
herrscht hier ein Sammelbetrieb, bei all den
Chaoswerken!

Als ich in der Industrie noch tätig war,
da gabs auch so einen Lulatsch-Laden, dieser ist
ihm sehr nah! Damals noch Metall, jetzt halt
Papierchaos überall!

In dem Laden damals ging auch alles so
Pi mal Daumen!
Dass es sogar in sozialen Bildungseinrichtungen
so abläuft, konnte ich nie glauben!

12:30

Ich schaue auf die Uhr
Es ist 12:30
Ich fiebere dem Feierabend entgegen,
tatkräftig, eifrig, fleißig

Wieder mal einen Tag im
Lulatsch-Laden mehr geschafft!
Die Motivation, die nicht richtig da war,
hat sich auch schon aus dem Staub gemacht!

Hier laufen Kabelleitungen überirdisch!
Galaktisch, prachtvoll glamourös!
Den Türengriff hatte ich auch schon in der Hand,
fehlte der Tür dann – scheint mir etwas porös!

Gummiboden, so wie früher in den Turnhallen
der Schulen, wurde hier verlegt
Sogar ist dieser am Platz vor mir –
An die Wand geklebt!

An der Türe des WC, da steht „STAFF ONLY"
Alte braune Holztür, das Schild wie in den Klassikern der
90er Filme beim FBI – Stimmungskanonen, Spannung
flach! 16 Wochen schon hier, wer hätte dies gedacht!?

NAMELESS ONE

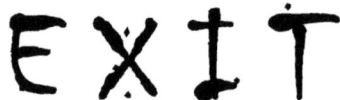

Leere Stühle
Trost suchen
Dieser Arbeitsplatz
Volle Dröhnung
Mehr und mehr
Statistikpfusch

LEERE STÜHLE

So viele, doch immer sagten;
„Ich bin da, wenn du jemanden zum
Quatschen brachst"...
Nur leeres Geschwafel!
Löst sich aber zum Jahreswechsel auf,
in all dem Schall und Rauch!

Nix zu sehen außer mir
und versammelt leere Stühle
In diesem Sinne, für euch
verschwende ich nie wieder die
Wertigkeit meiner Gefühle!

Tschö mit „ö"
Schöne Grüße an die Füße
C´est la vie, Huschelpuschel
Wau-Miau und Törööö!!!

TROST SUCHEN

Keine guten Gedanken mehr
im Schädel drin!
Das Hirn zermartert,
die Seele weint

Kopf unter das Kissen
und die Decke drüber
Rollos runter, kommt es so,
dann ist es weit!

Jetzt wird es Zeit
nach Trost zu suchen,
um wieder Lebensfreude zu finden
und sie aufzutanken!

DIESER ARBEITSPLATZ

Der erste Arbeitstag im Lulatsch-Laden
im Jahr 2022!
Natürlich sind die guten Vorsätze und
meine gezwungen auferlegten „positiven
Ansätze" gescheitert!

Meine Essstörungen halten nach wie vor
an, denn momentan belastet mich
alles so sehr! Ich finde keine Ruhe und
keinen Abstand zu allem was mich
runterzieht!

10 Stunden penne ich mittlerweile
täglich!
Den Wecker drücke ich ständig aus!
Aufgestanden und so schwer ist der
Schädel! Ich fühle mich so sehr im Arsch!

Mein Leben verliert seinen Sinn!
Ich werde überrannt und überschüttet
vom Leben! Ich finde weder noch Halt,
oder einen Ausweg!

Ich bin so gequält und innerlich
getrieben!
Ist dies, nicht so wunderschön, ein
herrlich versüßter Ausgleich – nach der
Arbeit mein Elend und Leid zu
beschreiben, welches ich täglich erlebe
und fühle und ertrage!

Täglich die gleiche Scheiße,
es ändert sich einfach nichts!
Dieser vermurkste und verkorkste
Arbeitsplatz, er macht mich mehr und
mehr kaputt! Ich habe die Schnauze dort
so voll!

VOLLE DRÖHNUNG

Der zweite Arbeitstag im neuen Jahr, in
diesem Lulatsch-Laden! Natürlich ist
alles unverändert, wieder 10 Stunden
gepennt! Ich bin so endlos müde, platt!

Ich sehe keinen Ausweg mehr,
um diesen zu suchen des Findens wegen
Um dies zu tun, dafür fehlt mir immer
und immer mehr die Kraft!

Der Schädel ist dermaßen vollgepackt,
vollgestopft! Und es kommt als weiter
etwas hinzu! Ich gehe „am Stock"! ich
bin innerlich so gebrochen, einfach fertig

Jeder Tag ist nur noch eine Horror-Qual!
Aber gut, ich sagte ja; „Gott, mach was
du willst mit mir, schuldig bin ich in
diesem Leben hier!

Ich beneide all die psychisch erkrankten
Menschen, die nicht wie ich, täglich zum
Arbeitsplatz müssen, der sie fertig

macht, der die Kraft raubt und es tagtäglich aushalten muss, so wie ich!!! Sondern die Zeit haben für sich nehmen können!

Auch die Faulenzer des Landes, sind zu beneiden, die einfach nix tun! Ich beneide deren Einstellung, dass sie es einfach tun ohne zu fragen, ohne zu denken – die einfach ihre Ruhe von dem gesellschaftlichen Durcheinander und Chaos sich nehmen!!!

Und ich? Ich Idiot! Ich leide an psychischen Erkrankungen, Beeinträchtigungen, Depressionen, Hypersensibilität, kann nicht abgrenzen Schlafe beschissen, aktuell 10 Stunden und bin immer noch müde und vollkommen am Arsch!

Mit meinen psychischen Problemen, mit dieser Erkrankung, mit vollem Schädel, so gehe ich tagtäglich in diesen verfuckten Lulatsch-Laden!

Und ich gebe mir –
Jeden Tag aufs Neue, in diesem
Irrenhaus, immer und immer wieder die
volle Dröhnung auf Schädel, Herz und
Seele!

Wegen wem oder über was mache ich
mir immer so viel Gedanken!?
Wegen was zerbreche ich mir nur
meinen Schädel!?
Ich bin innerlich so am Ende, aber wen
kümmert es schon!?

Ich fühle mich verloren, wie als würde
ich in Grund und Boden versinken!
Mir droht es zu ertrinken!
Alle Vernunft ist abgeschossen!

An jeglichem Halt scheine ich längst und
für alle Zeit vorbeigeschossen!

Kopf, Herz und Seele sehnen sich an
einen Ort, von dem ich selbst zu weit
entfernt bin! Ein Ort, an dem ich nicht
sein kann!

Mein Herz es steht in Flammen
Gefühle und Gedanken, sie sacken in mir
regelrecht in sich zusammen!
So verstreicht hier wieder ein Teil
meiner kostbaren Lebenszeit!
Schreibe depressive Scheiße –
Der Umgang mit meinem Elend und Leid!

Leider muss ich ständig schreiben!
Denn das therapeutische, medizinische
Mittel, es ist Betäubung all der
Schmerzen von meinem ganzen Leiden!

So sitze ich verdammt nochmal,
stundenlang vor dem Papier hier da
Alles längst schon durchgekaut und
1000-mal schon ausgekotzt!

MEHR UND MEHR

Aufgrund dessen, dass ich
aktuell in einer negativen Dauerschleife
lebe, da verfasse ich Texte
wie im Akkord!

Meine einzige Möglichkeit
zu überleben, in diesem Schlamassel,
in dieser Misere!
Denn ich komme hier nicht fort!

Ich bewege mich nur geistig,
in Gedanken –
Doch im Innern, da sitze ich fest an
depressiver Stelle, hier gibt's nix zu
gewinnen!

Dieses Missempfinden, diese
Scheiße, die ich ertrage –
Ein Durcheinander, von dem ich nicht
abschalten kann, dieses herrscht
mittlerweile auch in meinen eigenen
Bahnen und Unterlagen!

Es vermischt sich, denn
jede Abgrenzung fällt so schwer!
Das Leben kennt keine Pause,
kein Schongang –
im Gegenteil, es wird alles schneller und
es wird immer mehr und mehr!

STATISTIKPFUSCH

Fehlquoten, Teilnahme und
die dazugehörige Anwesenheit
Statistikpfusch, für die Abrechnung und
für die Zertifizierung, bald ist es wieder
soweit!

Ich verblöde hier bei diesen Tätigkeiten
Diagramme und Zahlenfolgen,
verdammt nochmal!
Ich muss schreiben auf die Seiten!!!

Wo bin ich hier nur gelandet?
Hier stimmt alles hinten und vorne
nicht!
Verdammt ich muss Geld verdienen!
Der Rest, der interessiert sonst nicht!

Ich gehe hier kaputt!
Ich gehe hier ein!
So erbärmlich und beschissen, kann das
Leben am Arbeitsplatz doch sein!

Alles hier im Lulatsch-Laden, ist doch
so oder so nicht ordnungsgemäß!
So ist alles was ich hier auch tue,
für die Katze und für die Füß'

so gerne würde ich doch allzu,
schöne Zeilen schreiben!
Doch diese entstehen halt,
denn ich bin hier am Leiden!

Dieser Arbeitsplatz, er ist der letzte
Dreck!
Schrott, Chaos und ein richtiger
Schandfleck!

Ich muss hier weg,
einfach nur schnell weg!
Es beißt die Maus in den
Käs' und in den Speck!

Muss noch ausgekotzt werden!

In unser aller Herzen
(Lyrik/Belletristik)

Sie streuen in unser
aller Herzen Gift!
Sie jagen uns wie
Ratten übers Schiff!

Sie infiltrieren, injizieren
und sie initiieren
Um durch uns,
für sich zu profitieren!

Mit Elend, Furcht,
Leid und Grausamkeit –
Machen sie Scheine,
sie sind der Teufel in Person,
trügerisch, im Kostüm der Menschheit!
Sie sind die wahre Perversion!

Sie spielen mit uns, wir sollen die
Figuren auf dem Felde sein!
Und wenn schon einer fällt von uns!?
Keine Träne wird man uns nachwein'n

Sie vergiften unseren
Verstand unser Gefühl!
Sie haben kein Gewissen, denn
sie sind eisigkalt und kühl!

Sie sind die Zombies,
sie sind der wahre Untergang
Sie wollen uns unten halten
Dieses ganze Menschenleben lang!

Sie bomben den Menschen
den Boden unter den Füßen weg!
Sie bringen Tod und Schande,
sie sind weniger wert als Dreck!

ART ARTIKEL – GESELLSCHAFT

...Es gibt einen von mir sehr geschätzten Liedermacher unserer Zeit, sehr intelligent und wortgewandt wie kein anderer!
Er hat gesagt oder bzw. gesungen und daran halte ich mich;
„Wenn du erstmal lernt zu übersetzen, was sie wirklich sagen"!
Der Lied-Titel lautet: „Sei wachsam"...

WACHSAM SEIN! (PROVOKANT)

Im sozialkritischen Aspekt und in der Verantwortung verpflichtenden Wahrheit, hinterfrage ich permanent und ständig die Corona-Lage!

Mir fällt zunächst auf, dass wenn eine plötzlich neue Variante, also eine Mutation auftritt, wie auch immer diese immer wieder entsteht, dass für diese immer superschnell ein Name herbeigezaubert ist, als ob man diese von einem Wortspielzauber-Katalog zückt!

Zudem ist mir aufgefallen, dass anfangs der Pandemie 2020 – als die Masken noch Mangelware waren, konnte man sogar Stoffmasken tragen! Diese sind schon lange in der Versenkung verschwunden und es wird gar nicht mehr danach gefragt!

Bei allen unternommenen Maßnahmen unserer hochintelligenten Regierungsinstanzen-Verantwortlichen, da werden immer und immer wieder „strenge Maßnahmen" im Sektor der Gastronomie verhangen! Die Lebensmittel, Discounter, der öffentliche Nah- und Fernverkehr für Berufspendelnde und Freizeit-Fahrgäste sind immer doch auffällig unberührt, gar „milde" umsorgt!

Sportliche Veranstaltungen werden termingerecht unter ständig unsicheren Bedingungen und steigenden Corona-Zahlen fortgesetzt! Und wie man nur auf die glorreiche und geistreiche Idee gekommen ist, die EM 2020 im Jahr 2021 zu wiederholen und diese gleich in mehreren Ländern auszuspielen, das reift schon an einer intelligenz-resistenten vorbildlichen politischen Entscheidung!

Die Gesellschaft, also wir die Arbeiterklasse bekommen Kontaktbeschränkungen in allen Belangen, aber zum Arbeitsplatz darf man weiterhin gehen und in überfüllte öffentliche Verkehrsmittel – da scheint Corona plötzlich wie -eliminiert-!

Sehr clever und von Intelligenz nicht mehr zu überbieten, die nächtlichen Ausgangssperren, die wir nicht vergessen sollten, als ob Corona in nächtlichen Stunden Überfälle und Vampirbissige-Stunden sich vertreiben wollte!

Wie hoch ist der Anteil von Wahrheit
in aller Welt größter Lebenslüge!?
In einer Zeit, wo wir Masken tragen,
symbolisch, fühlbar mundtot gemacht werden!

Wir werden tagtäglich, Nein!
Tagnächtlich und nächtlich zum neuen Morgen
Von BRAND-NEWS überschüttet!
Wie schlimm, dramatisch, gefährlich doch das
Virus ist!

Exorbitante Inzidenzen, die uns begrenzen!
Sie stochern und drehen und wenden an Gesetzen,
wie etwa dem Grundrecht und sie debattieren von
IMPFPFLCIHT! –
Diese somit rein rechtlich, juristisch – als
Körperverletzung,
als Gewalttat zu ahnden ist!

Jeder Mensch hat das Recht auf
FREIHE ENTSCHEIDUNG!
Und vor allem auf die
UNVERSEHRTHEIT DES EIGENEN
KÖRPERS!!!

Wir tragen also alle Maulkörbe!
Entschuldigen sie bitte, Masken!
Tragen wir doch einfach von nun an
den Impfstatus nicht nur noch digital
oder im Ausweisdokument, sondern direkt als
BARCODE auf der Stirn!

Tragen wir doch künftig alle Sonnenschirme!
Um uns natürlich, vor dem Klimawandel zu
schützen,
nicht um noch mit dem Maulkorb noch von allem
wegzusehen und „blind" zu leben!

Genau, tun wir etwas für den Klimawandel!
Retten wir den Planeten!
Der sich so böse und einfach erwärmt, um den wir
doch so akribisch um 1,5 Grad Celsius unsere
Gemüter erhitzen!

Wir retten den Planeten in dem wir
All die Corona-Tests weiter nutzen 24/7
um die Recyclingindustrie zu unterstützen!
Schieben wir doch einfach den ganzen Müll
in die armen Länder, wo doch eh alle verdorben
sind,
wo keiner eine Chance auf eine hohe
Lebenserwartung hat!

Genau, retten wir den Planeten durch diese
GUTE TAT!
Nehmen wir Kontinente, als Schrottplatz und
als reine Mülldeponie!
So retten wir den Planeten!

Tragen wir also fleißig weiter wie befohlen und
vollem Gehorsam, welcher uns allen so brav
anerzogen wurde – unsere
MAULKÖRBE!

Zusammenfassung:

2020 – Coronapandemie
Anhaltende Nachrichten über Corona –
Bis heute, es endet, so seien wir doch
ehrlich – NIE!

Masken anfangs Mangelware
Maskenskandale, politische Maskenaffäre
Fast wieder vergessen, wenn da nicht
die Chronik-Recherche wäre

So viele politische Hampelmänner!
In Verhandlung nun als Ampelmänner!
Jeder gibt Prognose und Wissen bei!
Keiner weiß, wirklich etwas, Einheitsbrei!

Satire und Kabarett werden Lachnummern
geliefert, wie schon so lange nicht mehr!
Ist alles nur noch lächerlich!
Bitte lächeln! Danke sehr!

Querdenker und Kritiker
Sind als Nazis diskriminiert!
Das Ding -MEINUNGSFREIHEIT-
Wird hier vergewaltigt und manipuliert!
Demos und Meinungen –

CONTRA COVID sind nicht gewollt!
Ausschließlich glauben was sie alles sagen
–
Dies ist alles, was hier sollen!

Zudem bin ich 5G+
-getauft-
-gesegnet-
-geliebt-
-geschieden-
-gelehrt-
+ fleißiger Steuerzahler!
(G-Status 10.01.2022)

Und nach Omikron und Deltakron,
plädiere ich für; Apfelkorn, Doppelkorn,
Mariacron – und letztlich noch für
ICHSCHLAGDIR'N'HORN!

LÄCHERLICH, EHRLICH!
Versteht man doch meinen Frust, oder!?!?

Ich brauche nur Raum
Künstlerischen Raum
Um mich meiner künstlerischen Gabe
Leidenschaftlich hinzugeben!

Ich könnte von morgens
7.00 Uhr bis abends 17.00 Uhr –
Dort verbringen, arbeiten und meiner
Berufung folgen, es würde mir meinen
leidvollen beruflichen Weg vergolden!

10 Stunden im künstlerischen Raum
Ganz und gar, mit allen Sinnen im
Element!
Frei vom Geld und frei von all dem
gesellschaftlichen Zwang!

Meine Berufung will man mir,
nicht im Geringsten gewähren!
Aber all die Leute, die hier keinen Bock
haben!

Die werden noch belohnt, denn
die bezahlt unser Vaterstaat,
auch erhalten
diese etwas von mir, von meinem
Steuerbetrag!

Lächerlich, ehrlich!

Das frustriert und es kotzt mich so an,
dass ich es hier frei herausschreiben kann!
Ich, der etwas will!
Künstlerisch etwas schafft –
Ich bin der Leidtragende, die Möglichkeit
wird mir nicht erbracht!

Nochmal aus dem Lulatsch-Laden

Ich kann den Dreck hier
nicht mehr sehen!
Es wird Zeit für mich von hier
zu gehen!

Im Lulatsch-Laden geht's dermaßen
drunter und drüber, alles läuft hier kreuz
und quer! Hier hält man es im Kopf nicht
aus! Nicht einmal der stärkste Bär!

Ich habe hier die Schnauze,
aber sowas von gestrichen voll!
Es wird Zeit hier zu gehen!
Weil, hier ist es alles andere als toll!

Ich könnte nur noch schreien!
Mir geht's hier echt am Arsch vorbei!
Ein Lulatsch-Laden sondergleichen!
Selbst die Geduld und die Nerven aus
Drahtseil, sie weinen!

Oh man, wie man das braucht!

In meinem Kopf da sticht's
Augenmigräne habe ich auch!
Man schrottet sich hier kaputt!
Für das liebe Geld was man braucht!

Oh man, wie man das braucht!

Mir kribbelt's im Kopf!
Die Nerven drehen durch
Man schrottet sich hier kaputt!
Für das liebe Geld was man doch braucht!

Oh man, wie scharf bin ich drauf!

So manch ein Tag zieht sich
hier Kaugummi!
Der Lulatsch-Laden kotzt mich an,
wie zuvor ein Arbeitsplatz noch nie!

Oh man, ich gebe hier echt auf!

Unvollständigkeit in aller
Dokumentation, von hinten bis vorn!
Katastrophal und zum Weglaufen,
diese prekäre Situation!

Oh man, als Hartz-Vier-Empfänger ist man
sogar bessern dran!

An diesem Tollhaus-Platz
So begreife ich jetzt
Sucht man lediglich einen Esel,
einen Depp der alles macht!

Oh man, der Chef sich belacht!